Mein persönliches Schwarzbuch
Was mich nervt!

Mein Name:

Wichtige Daten:

Alia Mergel

BoD - Books on Demand
Norderstedt 2021

Bibliografische Information durch die Deutsche Nationalbibliothek
Die Deutsche Nationalbibliothek verzeichnet diese Publikation in der Deutschen Nationalbibliografie; detaillierte bibliografische Daten sind im Internet über http://dnb.dnb.de abrufbar.

 **Aktives Mitglied bei**

Bilder und Videos auf Pixabay werden unter der Pixabay Lizenz mit den folgenden Bedingungen zur Verfügung gestellt. Durch die Pixabay Lizenz erhältst Du ein unwiderrufliches, weltweites, nicht exklusives und gebührenfreies Recht, die Bilder und Videos für kommerzielle und nicht kommerzielle Zwecke zu verwenden, herunterzuladen, zu kopieren und zu verändern. Eine Nennung des Bildautors bzw. von Pixabay ist nicht erforderlich, wir wissen jedoch eine freiwillige Quellenangabe zu schätzen.

© Alia Mergel
Herstellung und Verlag
BoD – Books on Demand, Norderstedt
ISBN 9-78375-5-71116-2

 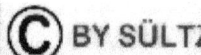 
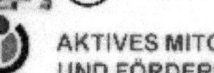 

Wir sind eigentlich unser eigener Herr. Eigentlich! Natürlich müssen wir uns alle an Gesetze halten oder an Regeln. Kommen wir zu den Gesetzen, sie werden von der Politik gemacht. Nicht jeder ist damit einverstanden, manches nervt, oder? Und da ist schon das Wort gefallen: ES NERVT! Wir können es nicht ändern, es nervt nur. Oder: Wir sitzen im Wartezimmer. Es dauert und dauert, es nervt. Oder: Wir lüften die Wohnung. Knatternde Motorräder stören beim Lesen oder Mittagessen, es nervt. Oder: Ein Blick auf die Waage… schon wieder zugenommen, es nervt. Oder: Der Nachbar hört wieder zu laut seine Musik… es ist zu wenig Milch für das Müsli da… die lange Warteschleife beim Telefonieren… Falschparker auf dem Behindertenparkplatz… die Zahnpaste ist leer… das Passwort vergessen… Nachbarn reden über mich oder über andere… schon wieder hat mein Verein verloren… das Internet funktioniert wieder nicht… kein Geld auf dem Konto… und so könnte es immer weitergehen! Einiges wird bestimmt richtig sein, einiges nicht. Können wir etwas ändern?

Natürlich nervt das Nerven und ist zudem ungesund. Es wird Bluthochdruck fördern, man isst unkontrolliert, man nimmt zu, Diabetes kann kommen, schlechte Laune und so weiter, und so weiter… Und das soll bis zum Tot so weiter gehen? NEIN! Wir müssen es ändern! Wir müssen gelassener werden, logischer… JEDER MUSS SICH ÄNDERN!

Dieses Tagebuch soll helfen, dass es gelingt.

Natürlich nur, wenn wir wollen! Schreiben Sie 14 Tage lang auf, was Sie nervt. Dann denken Sie darüber nach, schreiben Ihre Erkenntnisse auf und dann wieder 14 Tage lang aufschreiben…

Hilfestellung: Wenn Sie etwas nervt heißt es Ruhe bewahren, logisch darüber nachdenken. Ist es die Sache überhaupt wert, dass man seine Nerven strapaziert? Machen Sie sich erst einmal einen Kaffee oder Kakao. Essen Sie jetzt nicht unkontrolliert, Chips, Schokolade… vielleicht nur einen Riegel. Hören Sie eine Entspannungsmusik, jeder so, wie er oder sie es will. Machen Sie einen Spaziergang, wenn möglich. (Früher haben die Menschen Holz gehackt, das war für sie Entspannung.) Statt sich im Wald auf einen Baumstumpf zu setzen, setzen Sie sich mit geschlossenen Augen auf Ihren Balkon, auch im Winter. Verbannen Sie negative Gedanken, genießen Sie einen Tee. Atmen Sie tief durch, lauschen Sie den Vögeln, dem Wind oder der Musik. Atmen Sie Die frische Luft ein, und überlegen Sie sich, wie Sie künftig mit nervigen Dingen oder Stress umgehen. **IN DER RUHE LIEGT DIE KRAFT!**

Anleitung:
Notieren Sie alles was Sie nervt.
Überlegen Sie, ob Sie richtig gehandelt haben.

Können Sie etwas verändern? Denken Sie an einem ruhigen Ort darüber nach. Lohnt es sich, die Gesundheit aufs Spiel zu setzen? Denken Sie an Ihre Gesundheit!

Packen Sie Probleme an! Handeln Sie in aller Ruhe.

Das Ziel ist, dass Sie nichts mehr nerven sollte! Seien Sie weise. Ihre Gesundheit wird es Ihnen danken!

Mich nervt/nerven:
(Eine kleine Vorauswahl zum Start. In 14 Tagen erstellen wir eine erste Bilanz.)

- Menschen
- Mein Kontostand
- Raucher
- Laute Menschen
- Schuhe im Hausflur
- Rasende Autos
- Knarrende Motorräder
- Krach im Hausflur
- Sortimentsänderung im Supermarkt
- Menschen, die nichts nervt
- Fußballergebnis
- Mücken
- Hundekot
- Wespen
- Fliegen
- Menschen, die mich be- oder verurteilen
- Menschen, die über mich oder andere herziehen
- Dass ich mich rechtfertigen muss
- Scheinheilige Typen
- Versäumtes Date
- Rechthaberische Typen
- Unpünktlichkeit
- Kippen im Kloo
- Verknotete Kopfhörer
- Verkalkte Dusche
- Loch im Jogurtdeckel
- Passwort vergessen
- Zu wenig Milch fürs Müsli da
- Warteschleifen
- Wasser zu kalt
- Heizung defekt
- Beipackzettel
- Spieleanfragen
- Der Nachbar am Pissoir
- Verfallsdatum suchen
- Verfallsdatum abgelaufen

- Fehlende Anerkennung
- Zeitdruck
- Kalter Kaffee
- Weiche Pommes
- Umweltverschmutzung
- Politiker
- Langsame Fahrer
- Fußgänger
- E-Bikes
- Volle Parkplätze
- Zugeparkter Gehweg
- Zugeparkter Radweg
- Rote Ampeln
- Kurze Grünphase
- Angeber
- Schweißgeruch
- Dumme Witze
- Schlechtes TV-Programm
- Kein Internet
- Egoismus
- Dummheit
- Hausarbeit
- Gartenarbeit
- Müll
- Schule
- Arbeit/Beruf
- Zugenommen
- Regen
- Heißes Wetter
- Kopfschmerzen
- Schmerzen
- Covid 19
- DU nervst
- Das Leben
- Fußpilz
- Schlager
- Klassik
- Erbsensuppe
- Falsche Gefühle
- Keine Zahnpasta da
- Zähne ausgefallen
- Gebiss defekt
- Schmutzige Unterhosen

Mich nervt oder mich nerven folgende Dinge: **Datum:** _____

Wie habe ich mich verhalten?
_____

Habe ich mich richtig verhalten?   **JA**   **NEIN**   **VIELLEICHT**
Wie kann ich etwas ändern?
Nicht gleich aus der Haut fahren   **Mich zurückhalten**   **Erst nachdenken**
Ruhiger werden   **Vieles geht mich ja gar nichts an**   **Weise werden**

_____
_____

Mich nervt oder mich nerven folgende Dinge: **Datum:** _____

Wie habe ich mich verhalten?
_____

Habe ich mich richtig verhalten?   JA   NEIN   VIELLEICHT
Wie kann ich etwas ändern?
Nicht gleich aus der Haut fahren   Mich zurückhalten   Erst nachdenken
Ruhiger werden   Vieles geht mich ja gar nichts an   Weise werden

_____
_____
_____

Mich nervt oder mich nerven folgende Dinge: **Datum:** _____

Wie habe ich mich verhalten?
_____

Habe ich mich richtig verhalten?   JA   NEIN   VIELLEICHT
Wie kann ich etwas ändern?
Nicht gleich aus der Haut fahren   Mich zurückhalten   Erst nachdenken
Ruhiger werden   Vieles geht mich ja gar nichts an   Weise werden

_____

_____

Mich nervt oder mich nerven folgende Dinge: **Datum:** _____

Wie habe ich mich verhalten?
_____

Habe ich mich richtig verhalten?   JA   NEIN   VIELLEICHT
Wie kann ich etwas ändern?
Nicht gleich aus der Haut fahren   Mich zurückhalten   Erst nachdenken
Ruhiger werden   Vieles geht mich ja gar nichts an   Weise werden

_____
_____
_____

Mich nervt oder mich nerven folgende Dinge: **Datum:** _____

Wie habe ich mich verhalten?

_____

Habe ich mich richtig verhalten?   JA   NEIN   VIELLEICHT
Wie kann ich etwas ändern?
Nicht gleich aus der Haut fahren   Mich zurückhalten   Erst nachdenken
Ruhiger werden   Vieles geht mich ja gar nichts an   Weise werden

_____

_____

Mich nervt oder mich nerven folgende Dinge: **Datum:** _____

Wie habe ich mich verhalten?
_____

Habe ich mich richtig verhalten?   JA   NEIN   VIELLEICHT
Wie kann ich etwas ändern?
Nicht gleich aus der Haut fahren   **Mich zurückhalten**   **Erst nachdenken**
Ruhiger werden   **Vieles geht mich ja gar nichts an**   **Weise werden**

_____
_____
_____

Mich nervt oder mich nerven folgende Dinge: **Datum:** _____

Wie habe ich mich verhalten?
_____

Habe ich mich richtig verhalten?   JA   NEIN   VIELLEICHT
Wie kann ich etwas ändern?
Nicht gleich aus der Haut fahren   Mich zurückhalten   Erst nachdenken
Ruhiger werden   Vieles geht mich ja gar nichts an   Weise werden

_____
_____
_____

Mich nervt oder mich nerven folgende Dinge: **Datum:**

Wie habe ich mich verhalten?

Habe ich mich richtig verhalten?   JA   NEIN   VIELLEICHT
Wie kann ich etwas ändern?
Nicht gleich aus der Haut fahren   Mich zurückhalten   Erst nachdenken
Ruhiger werden   Vieles geht mich ja gar nichts an   Weise werden

Mich nervt oder mich nerven folgende Dinge: **Datum:**

Wie habe ich mich verhalten?

Habe ich mich richtig verhalten?   **JA**   **NEIN**   **VIELLEICHT**
Wie kann ich etwas ändern?
Nicht gleich aus der Haut fahren   Mich zurückhalten   Erst nachdenken
Ruhiger werden   Vieles geht mich ja gar nichts an   Weise werden

Mich nervt oder mich nerven folgende Dinge: **Datum:** _____

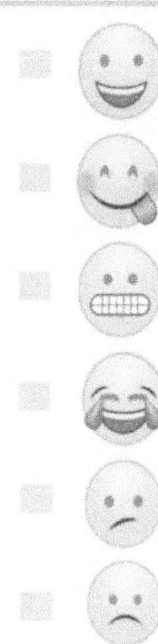

Wie habe ich mich verhalten?

_____

Habe ich mich richtig verhalten?   JA   NEIN   VIELLEICHT
Wie kann ich etwas ändern?
Nicht gleich aus der Haut fahren   Mich zurückhalten   Erst nachdenken
Ruhiger werden   Vieles geht mich ja gar nichts an   Weise werden

_____

_____

Mich nervt oder mich nerven folgende Dinge: **Datum:** _____

Wie habe ich mich verhalten?
_____

Habe ich mich richtig verhalten?   ▢ **JA**   ▢ **NEIN**   ▢ **VIELLEICHT**
Wie kann ich etwas ändern?
Nicht gleich aus der Haut fahren ▢   **Mich zurückhalten** ▢   **Erst nachdenken** ▢
Ruhiger werden ▢   **Vieles geht mich ja gar nichts an** ▢   **Weise werden** ▢

_____
_____
_____

Mich nervt oder mich nerven folgende Dinge: **Datum:** _____

Wie habe ich mich verhalten?
_____

Habe ich mich richtig verhalten?   JA   NEIN   VIELLEICHT
Wie kann ich etwas ändern?
Nicht gleich aus der Haut fahren   Mich zurückhalten   Erst nachdenken
Ruhiger werden   Vieles geht mich ja gar nichts an   Weise werden

_____
_____

Mich nervt oder mich nerven folgende Dinge: **Datum:**

Wie habe ich mich verhalten?

Habe ich mich richtig verhalten?   **JA**   **NEIN**   **VIELLEICHT**
Wie kann ich etwas ändern?
Nicht gleich aus der Haut fahren   **Mich zurückhalten**   **Erst nachdenken**
Ruhiger werden   **Vieles geht mich ja gar nichts an**   **Weise werden**

Mich nervt oder mich nerven folgende Dinge: **Datum:** _____

Wie habe ich mich verhalten?
_____

Habe ich mich richtig verhalten?   JA   NEIN   VIELLEICHT
Wie kann ich etwas ändern?
Nicht gleich aus der Haut fahren   Mich zurückhalten   Erst nachdenken
Ruhiger werden   Vieles geht mich ja gar nichts an   Weise werden

_____
_____

Mich nervt/nerven:
(Haben Sie schon über alles nachgedacht? Gibt es Veränderungen in Ihrem Denken?)

- Menschen
- Mein Kontostand
- Raucher
- Laute Menschen
- Schuhe im Hausflur
- Rasende Autos
- Knarrende Motorräder
- Krach im Hausflur
- Sortimentsänderung im Supermarkt
- Menschen, die nichts nervt
- Fußballergebnis
- Mücken
- Hundekot
- Wespen
- Fliegen
- Menschen, die mich be- oder verurteilen
- Menschen, die über mich oder andere herziehen
- Dass ich mich rechtfertigen muss
- Scheinheilige Typen
- Versäumtes Date
- Rechthaberische Typen
- Unpünktlichkeit
- Kippen im Kloo
- Verknotete Kopfhörer
- Verkalkte Dusche
- Loch im Jogurtdeckel
- Passwort vergessen
- Zu wenig Milch fürs Müsli da
- Warteschleifen
- Wasser zu kalt
- Heizung defekt
- Beipackzettel
- Spieleanfragen
- Der Nachbar am Pissoir
- Verfallsdatum suchen
- Verfallsdatum abgelaufen
- Fehlende Anerkennung
- Zeitdruck
- Kalter Kaffee
- Weiche Pommes
- Umweltverschmutzung
- Politiker
- Langsame Fahrer
- Fußgänger
- E-Bikes
- Volle Parkplätze
- Zugeparkter Gehweg
- Zugeparkter Radweg
- Rote Ampeln
- Kurze Grünphase
- Angeber
- Schweißgeruch
- Dumme Witze
- Schlechtes TV-Programm
- Kein Internet
- Egoismus
- Dummheit
- Hausarbeit
- Gartenarbeit
- Müll
- Schule
- Arbeit/Beruf
- Zugenommen
- Regen
- Heißes Wetter
- Kopfschmerzen
- Schmerzen
- Covid 19
- DU nervst
- Das Leben
- Fußpilz
- Schlager
- Klassik
- Erbsensuppe
- Falsche Gefühle
- Keine Zahnpasta da
- Zähne ausgefallen
- Gebiss defekt
- Schmutzige Unterhosen

Mich nervt oder mich nerven folgende Dinge: **Datum:** _____

Wie habe ich mich verhalten?

_____

Habe ich mich richtig verhalten?   JA   NEIN   VIELLEICHT
Wie kann ich etwas ändern?
Nicht gleich aus der Haut fahren   Mich zurückhalten   Erst nachdenken
Ruhiger werden   Vieles geht mich ja gar nichts an   Weise werden

_____

_____

Mich nervt oder mich nerven folgende Dinge: **Datum:**

Wie habe ich mich verhalten?

Habe ich mich richtig verhalten?   **JA**   **NEIN**   **VIELLEICHT**
Wie kann ich etwas ändern?
**Nicht gleich aus der Haut fahren   Mich zurückhalten   Erst nachdenken
Ruhiger werden   Vieles geht mich ja gar nichts an   Weise werden**

Mich nervt oder mich nerven folgende Dinge: **Datum:** _____

Wie habe ich mich verhalten?
_____

Habe ich mich richtig verhalten?   JA   NEIN   VIELLEICHT
Wie kann ich etwas ändern?
Nicht gleich aus der Haut fahren   Mich zurückhalten   Erst nachdenken
Ruhiger werden   Vieles geht mich ja gar nichts an   Weise werden

_____
_____
_____

Mich nervt oder mich nerven folgende Dinge: **Datum:** _____

Wie habe ich mich verhalten?

Habe ich mich richtig verhalten?   JA   NEIN   VIELLEICHT
Wie kann ich etwas ändern?
Nicht gleich aus der Haut fahren   Mich zurückhalten   Erst nachdenken
Ruhiger werden   Vieles geht mich ja gar nichts an   Weise werden

Mich nervt oder mich nerven folgende Dinge: **Datum:** _____

Wie habe ich mich verhalten?
_____

Habe ich mich richtig verhalten?   ☐ **JA**   ☐ **NEIN**   ☐ **VIELLEICHT**
Wie kann ich etwas ändern?
Nicht gleich aus der Haut fahren ☐   Mich zurückhalten ☐   Erst nachdenken ☐
Ruhiger werden ☐   Vieles geht mich ja gar nichts an ☐   Weise werden ☐
_____
_____

Mich nervt oder mich nerven folgende Dinge: **Datum:**

Wie habe ich mich verhalten?

Habe ich mich richtig verhalten?   **JA**   **NEIN**   **VIELLEICHT**
Wie kann ich etwas ändern?
Nicht gleich aus der Haut fahren   Mich zurückhalten   Erst nachdenken
Ruhiger werden   Vieles geht mich ja gar nichts an   Weise werden

Mich nervt oder mich nerven folgende Dinge: **Datum:** _____

Wie habe ich mich verhalten?
_____

Habe ich mich richtig verhalten?   JA   NEIN   VIELLEICHT
Wie kann ich etwas ändern?
Nicht gleich aus der Haut fahren   Mich zurückhalten   Erst nachdenken
Ruhiger werden   Vieles geht mich ja gar nichts an   Weise werden

_____
_____
_____

Mich nervt oder mich nerven folgende Dinge: **Datum:** _____

Wie habe ich mich verhalten?

_____

Habe ich mich richtig verhalten?   JA   NEIN   VIELLEICHT
Wie kann ich etwas ändern?
Nicht gleich aus der Haut fahren   Mich zurückhalten   Erst nachdenken
Ruhiger werden   Vieles geht mich ja gar nichts an   Weise werden

_____

_____

Mich nervt oder mich nerven folgende Dinge: **Datum:** _____

Wie habe ich mich verhalten?

_____

Habe ich mich richtig verhalten? **JA** **NEIN** **VIELLEICHT**
Wie kann ich etwas ändern?
Nicht gleich aus der Haut fahren **Mich zurückhalten** **Erst nachdenken**
Ruhiger werden **Vieles geht mich ja gar nichts an** **Weise werden**

_____

_____

Mich nervt oder mich nerven folgende Dinge: **Datum:** _____

Wie habe ich mich verhalten?
_____

Habe ich mich richtig verhalten?   **JA**   **NEIN**   **VIELLEICHT**
Wie kann ich etwas ändern?
Nicht gleich aus der Haut fahren   **Mich zurückhalten**   **Erst nachdenken**
Ruhiger werden   **Vieles geht mich ja gar nichts an**   **Weise werden**

_____
_____

Mich nervt oder mich nerven folgende Dinge: **Datum:**

Wie habe ich mich verhalten?

_____

Habe ich mich richtig verhalten?   JA   NEIN   VIELLEICHT

Wie kann ich etwas ändern?
Nicht gleich aus der Haut fahren   Mich zurückhalten   Erst nachdenken
Ruhiger werden   Vieles geht mich ja gar nichts an   Weise werden

_____
_____
_____

Mich nervt oder mich nerven folgende Dinge: **Datum:**

Wie habe ich mich verhalten?

Habe ich mich richtig verhalten?   JA   NEIN   VIELLEICHT
Wie kann ich etwas ändern?
Nicht gleich aus der Haut fahren   Mich zurückhalten   Erst nachdenken
Ruhiger werden   Vieles geht mich ja gar nichts an   Weise werden

Mich nervt oder mich nerven folgende Dinge: **Datum:** _____

Wie habe ich mich verhalten?
_____

Habe ich mich richtig verhalten?   JA   NEIN   VIELLEICHT
Wie kann ich etwas ändern?
Nicht gleich aus der Haut fahren   Mich zurückhalten   Erst nachdenken
Ruhiger werden   Vieles geht mich ja gar nichts an   Weise werden

_____
_____

Mich nervt oder mich nerven folgende Dinge: **Datum:** _____

Wie habe ich mich verhalten?

_____

Habe ich mich richtig verhalten?   JA   NEIN   VIELLEICHT
Wie kann ich etwas ändern?
Nicht gleich aus der Haut fahren   Mich zurückhalten   Erst nachdenken
Ruhiger werden   Vieles geht mich ja gar nichts an   Weise werden

_____

_____

Mich nervt/nerven:
(Nun der Endspurt! Schützen Sie sich und Ihre Gesundheit durch Gelassenheit!)

- Menschen
- Mein Kontostand
- Raucher
- Laute Menschen
- Schuhe im Hausflur
- Rasende Autos
- Knarrende Motorräder
- Krach im Hausflur
- Sortimentsänderung im Supermarkt
- Menschen, die nichts nervt
- Fußballergebnis
- Mücken
- Hundekot
- Wespen
- Fliegen
- Menschen, die mich be- oder verurteilen
- Menschen, die über mich oder andere herziehen
- Dass ich mich rechtfertigen muss
- Scheinheilige Typen
- Versäumtes Date
- Rechthaberische Typen
- Unpünktlichkeit
- Kippen im Kloo
- Verknotete Kopfhörer
- Verkalkte Dusche
- Loch im Jogurtdeckel
- Passwort vergessen
- Zu wenig Milch fürs Müsli da
- Warteschleifen
- Wasser zu kalt
- Heizung defekt
- Beipackzettel
- Spieleanfragen
- Der Nachbar am Pissoir
- Verfallsdatum suchen
- Verfallsdatum abgelaufen
- Fehlende Anerkennung
- Zeitdruck
- Kalter Kaffee
- Weiche Pommes
- Umweltverschmutzung
- Politiker
- Langsame Fahrer
- Fußgänger
- E-Bikes
- Volle Parkplätze
- Zugeparkter Gehweg
- Zugeparkter Radweg
- Rote Ampeln
- Kurze Grünphase
- Angeber
- Schweißgeruch
- Dumme Witze
- Schlechtes TV-Programm
- Kein Internet
- Egoismus
- Dummheit
- Hausarbeit
- Gartenarbeit
- Müll
- Schule
- Arbeit/Beruf
- Zugenommen
- Regen
- Heißes Wetter
- Kopfschmerzen
- Schmerzen
- Covid 19
- DU nervst
- Das Leben
- Fußpilz
- Schlager
- Klassik
- Erbsensuppe
- Falsche Gefühle
- Keine Zahnpasta da
- Zähne ausgefallen
- Gebiss defekt
- Schmutzige Unterhosen

Mich nervt oder mich nerven folgende Dinge: **Datum:** _____

Wie habe ich mich verhalten?

_____

Habe ich mich richtig verhalten?   JA   NEIN   VIELLEICHT
Wie kann ich etwas ändern?
Nicht gleich aus der Haut fahren   Mich zurückhalten   Erst nachdenken
Ruhiger werden   Vieles geht mich ja gar nichts an   Weise werden

_____

_____

_____

Mich nervt oder mich nerven folgende Dinge: **Datum:** _____

Wie habe ich mich verhalten?

_____

Habe ich mich richtig verhalten?   JA   NEIN   VIELLEICHT
Wie kann ich etwas ändern?
Nicht gleich aus der Haut fahren   Mich zurückhalten   Erst nachdenken
Ruhiger werden   Vieles geht mich ja gar nichts an   Weise werden

_____

_____

Mich nervt oder mich nerven folgende Dinge: **Datum:** _____

Wie habe ich mich verhalten?

_____

Habe ich mich richtig verhalten?   JA   NEIN   VIELLEICHT
Wie kann ich etwas ändern?
Nicht gleich aus der Haut fahren   Mich zurückhalten   Erst nachdenken
Ruhiger werden   Vieles geht mich ja gar nichts an   Weise werden

_____

_____

_____

Mich nervt oder mich nerven folgende Dinge: Datum: _____

Wie habe ich mich verhalten?

Habe ich mich richtig verhalten?   JA   NEIN   VIELLEICHT
Wie kann ich etwas ändern?
Nicht gleich aus der Haut fahren   Mich zurückhalten   Erst nachdenken
Ruhiger werden   Vieles geht mich ja gar nichts an   Weise werden

Mich nervt oder mich nerven folgende Dinge: **Datum:**

Wie habe ich mich verhalten?

_____

Habe ich mich richtig verhalten?   JA   NEIN   VIELLEICHT
Wie kann ich etwas ändern?
Nicht gleich aus der Haut fahren   Mich zurückhalten   Erst nachdenken
Ruhiger werden   Vieles geht mich ja gar nichts an   Weise werden

_____

_____

_____

Mich nervt oder mich nerven folgende Dinge: **Datum:**

Wie habe ich mich verhalten?

Habe ich mich richtig verhalten?   **JA**   **NEIN**   **VIELLEICHT**
Wie kann ich etwas ändern?
Nicht gleich aus der Haut fahren   **Mich zurückhalten**   **Erst nachdenken**
Ruhiger werden   **Vieles geht mich ja gar nichts an**   **Weise werden**

Mich nervt oder mich nerven folgende Dinge: **Datum:** _____

Wie habe ich mich verhalten?

_____

Habe ich mich richtig verhalten?   **JA**   **NEIN**   **VIELLEICHT**
Wie kann ich etwas ändern?
Nicht gleich aus der Haut fahren   **Mich zurückhalten**   **Erst nachdenken**
Ruhiger werden   **Vieles geht mich ja gar nichts an**   **Weise werden**

_____

_____

Mich nervt oder mich nerven folgende Dinge: **Datum:** _____

Wie habe ich mich verhalten?
_____

Habe ich mich richtig verhalten?   ▪ **JA**   ▪ **NEIN**   ▪ **VIELLEICHT**
Wie kann ich etwas ändern?
Nicht gleich aus der Haut fahren ▪   Mich zurückhalten ▪   Erst nachdenken ▪
Ruhiger werden ▪   Vieles geht mich ja gar nichts an ▪   Weise werden ▪

_____
_____
_____

Mich nervt oder mich nerven folgende Dinge: **Datum:**

Wie habe ich mich verhalten?

Habe ich mich richtig verhalten?   **JA**   **NEIN**   **VIELLEICHT**
Wie kann ich etwas ändern?
Nicht gleich aus der Haut fahren   **Mich zurückhalten**   **Erst nachdenken**
Ruhiger werden   **Vieles geht mich ja gar nichts an**   **Weise werden**

Mich nervt oder mich nerven folgende Dinge: **Datum:** _____

Wie habe ich mich verhalten?
_____

Habe ich mich richtig verhalten?   JA   NEIN   VIELLEICHT
Wie kann ich etwas ändern?
Nicht gleich aus der Haut fahren   Mich zurückhalten   Erst nachdenken
Ruhiger werden   Vieles geht mich ja gar nichts an   Weise werden

_____
_____

Mich nervt oder mich nerven folgende Dinge: **Datum:**

Wie habe ich mich verhalten?

Habe ich mich richtig verhalten?   JA   NEIN   VIELLEICHT
Wie kann ich etwas ändern?
Nicht gleich aus der Haut fahren   Mich zurückhalten   Erst nachdenken
Ruhiger werden   Vieles geht mich ja gar nichts an   Weise werden

Mich nervt oder mich nerven folgende Dinge: **Datum:** _____

Wie habe ich mich verhalten?
_____

Habe ich mich richtig verhalten?   JA   NEIN   VIELLEICHT
Wie kann ich etwas ändern?
Nicht gleich aus der Haut fahren   Mich zurückhalten   Erst nachdenken
Ruhiger werden   Vieles geht mich ja gar nichts an   Weise werden

_____
_____
_____

Mich nervt oder mich nerven folgende Dinge: **Datum:**

Wie habe ich mich verhalten?

Habe ich mich richtig verhalten?   JA   NEIN   VIELLEICHT
Wie kann ich etwas ändern?
Nicht gleich aus der Haut fahren   Mich zurückhalten   Erst nachdenken
Ruhiger werden   Vieles geht mich ja gar nichts an   Weise werden

---

Mich nervt oder mich nerven folgende Dinge:　　　　Datum: _____

☐ 😀

☐ 😋

☐ 😬

☐ 😂

☐ 🙁

☐ ☹️

Wie habe ich mich verhalten?

_____

Habe ich mich richtig verhalten?　☐ **JA**　☐ **NEIN**　☐ **VIELLEICHT**
Wie kann ich etwas ändern?
Nicht gleich aus der Haut fahren ☐　Mich zurückhalten ☐　Erst nachdenken ☐
Ruhiger werden ☐　Vieles geht mich ja gar nichts an ☐　Weise werden ☐

_____

_____

Mich nervt oder mich nerven folgende Dinge: **Datum:** _____

Wie habe ich mich verhalten?
_____

Habe ich mich richtig verhalten?   JA   NEIN   VIELLEICHT
Wie kann ich etwas ändern?
Nicht gleich aus der Haut fahren   Mich zurückhalten   Erst nachdenken
Ruhiger werden   Vieles geht mich ja gar nichts an   Weise werden
_____
_____
_____

Mich nervt oder mich nerven folgende Dinge: **Datum:** _____

Wie habe ich mich verhalten?
_____

Habe ich mich richtig verhalten?   JA   NEIN   VIELLEICHT
Wie kann ich etwas ändern?
Nicht gleich aus der Haut fahren   Mich zurückhalten   Erst nachdenken
Ruhiger werden   Vieles geht mich ja gar nichts an   Weise werden

_____

_____

Mich nervt oder mich nerven folgende Dinge: **Datum:**

Wie habe ich mich verhalten?

Habe ich mich richtig verhalten?   JA   NEIN   VIELLEICHT
Wie kann ich etwas ändern?
Nicht gleich aus der Haut fahren   Mich zurückhalten   Erst nachdenken
Ruhiger werden   Vieles geht mich ja gar nichts an   Weise werden

Mich nervt oder mich nerven folgende Dinge:　　　**Datum:**

Wie habe ich mich verhalten?

Habe ich mich richtig verhalten?　　JA　　NEIN　　VIELLEICHT
Wie kann ich etwas ändern?
Nicht gleich aus der Haut fahren　Mich zurückhalten　Erst nachdenken
Ruhiger werden　Vieles geht mich ja gar nichts an　Weise werden

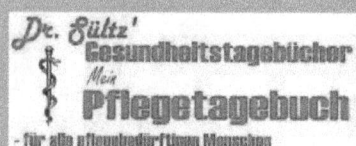
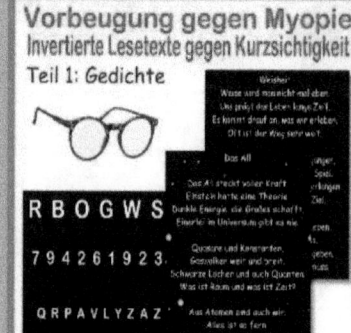

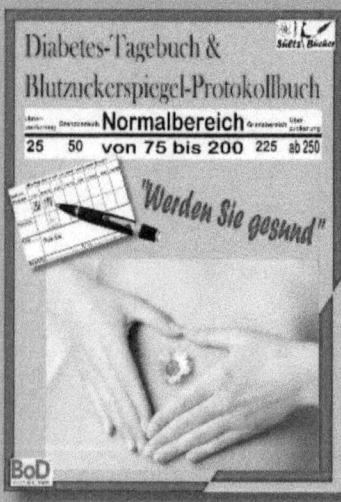

www.ingramcontent.com/pod-product-compliance
Lightning Source LLC
LaVergne TN
LVHW081550051025
822740LV00046B/1888